Écrit par Béatrice Fontanel
Illustré par Anne Logvinoff

Conseil pédagogique :
Équipe du bureau de l'Association Générale
des Instituteurs et Institutrices des Écoles
et Classes Maternelles Publiques.

Conseil éditorial :
Guy Jarry,
Muséum National d'Histoire Naturelle.

I.S.B.N. 2 245 02483-4
© Éditions Gallimard 1988
1er dépôt légal: Mai 1988
Dépôt légal: Décembre 1992. Numéro d'édition 8804
Imprimé par la Editoriale Libraria en Italie

LE LIVRE DE PARIS-GALLIMARD

Où vont
les animaux
voyageurs?

DECOUVERTE BENJAMIN

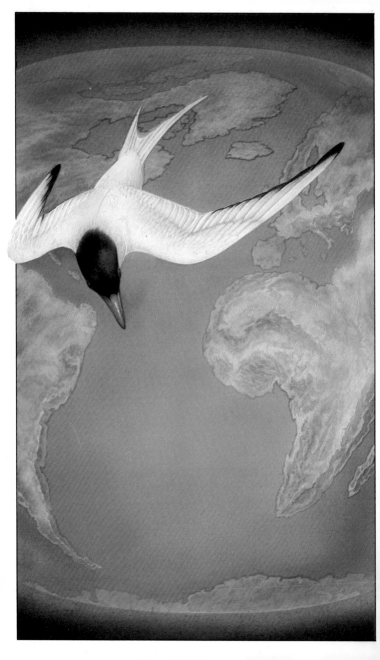

Autrefois, les hommes s'étonnaient de voir disparaître certains oiseaux durant l'hiver. Des légendes racontaient que ces oiseaux s'endormaient à l'automne pour se réveiller au printemps ou bien qu'ils passaient l'hiver au fond des mers, ou encore qu'ils allaient sur la lune !

Aujourd'hui, tout le monde sait qu'en réalité certains animaux entreprennent des voyages extraordinaires pour fuir la mauvaise saison.
Mais comment cela se passe-t-il ?

La sterne arctique vole d'un pôle de la terre à l'autre.
Les oies parviennent à franchir les montagnes de l'Himalaya.

Les cigognes passent l'hiver en Afrique et reviennent nicher en Europe au printemps.

En Alsace, les cigognes sont de moins en moins nombreuses. Certains nids sont abandonnés.

Chez nous, quand l'hiver approche, quelques animaux – lapins, moineaux, corbeaux... – se débrouillent pour survivre. Le hérisson ou le loir s'endorment dans leur petit trou jusqu'au printemps. Beaucoup d'insectes vont mourir.
D'autres animaux partent habiter des pays plus chauds : ce sont **les animaux migrateurs.**

Mais... pourquoi migrent-ils ? Pourquoi ne restent-ils pas dans des pays chauds toute l'année ?
Dans nos régions, au printemps, la nature regorge de bonnes choses à manger : insectes, graines, herbe fraîche...

Ils trouvent plus facilement ce qu'il faut pour nourrir les petits affamés qui viennent de naître !

Un beau jour, une colonie de cygnes décolle à grand fracas du plan d'eau où ils glissaient, un nuage gigantesque d'étourneaux semble emporté par le vent, un troupeau de baleines se prépare une fois de plus à sillonner les océans, un ban de thons se lance dans une course que rien ne peut empêcher, pas même les requins.

Que s'est-il passé pour que les animaux se rassemblent et partent ?
Les proies et les plantes dont ils se nourrissent disparaissent ; il fait plus froid ; les jours raccourcissent.
Comme si une petite horloge dans leur corps les prévenait, les animaux sentent que l'heure du départ approche. Ils ont engraissé.
Ils semblent très agités et puis, tout à coup, se mettent en route !

Toutes sortes d'animaux voyagent sous la mer. Certains, comme les saumons, se déplacent une seule fois dans leur vie pour se reproduire. D'autres, comme les langoustes, migrent en fonction des saisons et de la température des eaux, d'autres encore voyagent de haut en bas, chaque jour, de la surface aux eaux profondes.

Comment trouvent-ils tous leur route
sous la mer au cours de leurs
migrations ?
Les chercheurs ne le savent pas
vraiment. Les animaux marins ont
une mauvaise vue mais leur odorat,
très développé, les aide peut-être
à reconnaître leur chemin.

Les anguilles quittent la rivière d'Europe où elles vivent pour aller pondre leurs œufs dans le golfe du Mexique, à des milliers de kilomètres. Là, sur la mer des Sargasses, flottent des nappes d'algues. Les larves d'anguilles reviendront vers l'Europe, portées par les courants.

Les larves d'anguilles se transforment au cours de leur voyage. Pendant leur migration, les anguilles adultes ne se nourrissent pas.

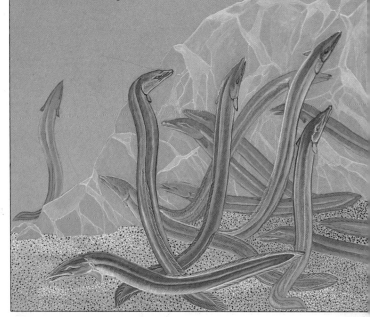

Par hasard, des marins ont découvert les longs voyages des tortues de mer. Elles trouvent leur nourriture composée d'algues et d'herbes dans des baies abritées, mais recherchent pour pondre des plages ensoleillées, parfois distantes de plus de deux mille kilomètres !

Les tortues qui habitent près des côtes du Brésil doivent lutter contre les courants marins pour atteindre les îles de l'Ascension, où elles pondront leurs œufs.

Les bouquetins descendent
des sommets enneigés pour se
réfugier dans les vallées abritées.

Des voyageurs à quatre pattes

Il est moins fatigant de se déplacer
dans les airs ou dans l'eau que
d'avancer à pied ou en rampant.
Aussi, on compte beaucoup d'oiseaux
et de poissons migrateurs, mais peu
d'animaux qui migrent sur la terre
ferme. Seuls les grands mammifères
des régions froides, comme les rennes,
sont contraints de parcourir
des milliers de kilomètres pour fuir
les rigueurs de l'hiver. Les crapauds
migrent aussi : ils quittent leurs forêts
pour les lacs et les rivières
où ils pondront leurs œufs.

Voyageurs ailés, les plus nombreux...

Libellules et papillons semblent fragiles... Pourtant certaines espèces font des centaines de kilomètres.

Après une longue étape, les canards choisissent un lieu de repos selon les lacs et les rivières qu'ils trouvent sur leur chemin.

Rossignols, hirondelles, oies, coucous, martinets, albatros... Les oiseaux représentent la plus grande famille d'animaux migrateurs.

Le pigeon ramier quitte les villes et les forêts pour gagner les régions méditerranéennes.

Un soir d'automne, la chauve-souris entreprend un long voyage pour trouver une caverne à la température plus douce.

Ils traversent des continents entiers. Le voyage dure parfois des mois.

Posé au sol, le pélican a une drôle de silhouette. Mais c'est l'un des plus élégants planeurs.

D'autres accomplissent de plus petits trajets. Puis ils reviennent, souvent là où ils avaient vécu l'année précédente.

Le milan noir quitte nos régions tôt dans l'été pour rejoindre l'Afrique du centre et du sud.

Les oiseaux semblent parfois écrire des signes compliqués sur le bleu du ciel.

Vol de flamants

Ils volent en escadrille, en forme de V couché comme les canards et les grues, à la queue leu leu comme les flamants, en fouillis comme les passereaux ou selon une disposition sinueuse pour ne pas se gêner. Lorsque celui qui vole en tête est fatigué, il est relayé par un autre qui trace la route.

Vol de passereaux

Selon les espèces, ils volent à haute ou à basse altitude. Certains petits oiseaux rasent la terre ou les vagues.

Les oiseaux plus gros volent à plus de 1000 mètres. Profitant des courants aériens, ils se fatiguent le moins possible. Certains parviennent même à dormir en planant comme le martinet. Un petit coup d'aile entre deux siestes aériennes et cela suffit !

Vol d'oies des moissons

Comment les animaux migrateurs ne perdent-ils pas leur chemin ?

Ils se guident d'après le soleil, la lune et les étoiles, comme le font les marins.

Avant de s'aventurer au-dessus de la Méditerranée, les petits oiseaux courageux qui tentent la traversée font une escale juste avant la mer et se posent de nouveau juste après pour reprendre des forces avant de franchir le désert du Sahara.

Ce sont de véritables navigateurs volants. Ils savent tenir compte de la course des astres qui se modifie sans cesse. Alors que les marins se servent d'un appareil, le sextant, pour mesurer leur position, les oiseaux semblent faire ces calculs naturellement. Lorsqu'il y a des nuages, certains oiseaux arrivent à se diriger grâce au magnétisme terrestre, tout comme la boussole qui retrouve toujours le nord.

Beaucoup d'oiseaux européens se rendent en Afrique pour passer l'hiver. La plupart font le tour par l'est ou l'ouest afin d'éviter la traversée de la mer Méditerranée.
1 - mouette rieuse   2 - alouette des champs   3 - étourneau
4 - fauvette à tête noire   5 - rossignol philomèle   6 - coucou
7 - huppe   8 - hirondelle de cheminée   9 - grue   10 - loriot
11 - gobe-mouche   12 - milan noir   13 - cigogne blanche
14 - sterne pierregarin.

**Les oiseaux ont aussi une bonne
mémoire.** Ils se souviennent très bien
du paysage déjà survolé.
Ils empruntent toujours les mêmes
vallées, ils suivent les fleuves,
les lignes des côtes, les crêtes.
D'ailleurs, certains oiseaux ont appris
leur chemin si fidèlement qu'ils
ignorent l'existence d'un raccourci
de quelques centaines de kilomètres.

Tous les oiseaux ne sont pas
des as de la navigation aérienne. Les
échassiers, les martinets, les canards,
les coucous se dirigent parfaitement,
mais les étourneaux, les pigeons
ramiers parfois s'égarent. Et si les
oiseaux adultes arrivent à corriger
leurs erreurs de trajectoire,
les jeunes, eux, se perdent
parfois en mer.

L'aigle est un prédateur redoutable.

Les animaux migrateurs affrontent de grands dangers.

Les oiseaux doivent échapper aux rapaces, aux tempêtes, résister aux insecticides répandus sur les graines qu'ils picorent en chemin...

Les caribous égarés risquent de mourir dans la tempête de neige.

Beaucoup d'oiseaux suivent le Nil, fleuve africain, pour éviter le Sahara et ses tempêtes de sable. Mais, aveuglés par les phares des voitures, ils risquent de se faire écraser.

Au-dessus des intempéries, il arrive
encore que des oiseaux capables de
voler jusqu'à 10 000 mètres entrent en
collision avec des avions de ligne.
Les chasseurs attendent aussi de voir
passer en masse certaines espèces
pour les abattre. Une hirondelle sur
deux meurt au cours de la migration.

Et celles qui sont de retour
au printemps, après leur périlleux
voyage, doivent parfois batailler
avec les moineaux qui ont profité
de leur absence
pour s'installer
dans leurs nids.

**Les harfangs des neiges
déciment les lemmings.**

Rien n'arrête la migration des lemmings. Ils traversent villes et villages, mordant les passants aux chevilles.

Lors de leurs migrations, les gnous se tuent par dizaines en se jetant dans la rivière africaine qu'ils doivent traverser.

Des migrations extraordinaires

Lorsque les animaux circulent en troupeaux immenses, ils sont obligés de se déplacer pour trouver de la nourriture. Mais parfois, en cherchant d'autres territoires, ils courent à leur perte.

Certaines années, les lemmings, petits rongeurs des pays nordiques, se reproduisent trop et n'ont plus à manger. Ils se lancent alors dans une migration folle que rien n'arrête. Un jour, ils trouvent la mer devant eux.
Ils s'y jettent par milliers !

Les gnous, qui broutent les prairies de Tanzanie, partent en masse vers de hauts plateaux humides quand l'herbe devient trop sèche. En chemin, la plupart des jeunes meurent en traversant une rivière.

Autrefois, les springboks, antilopes farouches d'Afrique du Sud, voyageaient en rangs serrés et s'écartaient à peine des gens qui, émerveillés, pénétraient dans le troupeau.

En Afrique, lorsque les criquets ne trouvent plus suffisamment à manger à cause de la sécheresse, ils se transforment : leurs ailes poussent. Alors, ils se déplacent en un essaim immense.

Là où ils se posent, ils détruisent totalement les cultures, provoquent la famine. Les piétons marchent sur un tapis vivant de plusieurs centimètres d'épaisseur.

Comment les hommes étudient-ils les migrations des animaux ?

D'abord, en les observant.
Les scientifiques notent le nom des espèces, leur nombre, leur direction et leur comportement.

On met des sortes de lunettes aux pigeons pour étudier leur sens de l'orientation.

Au cours de certaines expériences, le plumage des oiseaux est teint artificiellement en rose vif ou vert pomme.
Les chercheurs peuvent alors reconnaître une troupe d'oiseaux sans avoir besoin de les capturer.

Les chercheurs étudient aussi comment les oiseaux utilisent les courants d'air chaud pour s'élever dans les airs.

Grâce à l'utilisation du radar, l'étude des migrations nocturnes a fait beaucoup de progrès.

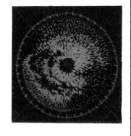

Les mammifères sont munis de boutons aux oreilles ou de colliers émetteurs. Les baleines sont marquées à l'aide de tiges métalliques fichées dans la peau à l'aide d'un fusil spécial.
De minuscules étiquettes sont collées sur le corps des insectes.

Pour reconnaître un oiseau, on lui passe à la patte une bague en aluminium léger, qui résiste à l'usure et à l'eau de mer.
Elle porte des chiffres et des lettres.
Pour suivre les migrations compliquées des tortues marines, on utilise la balise Argos. Les animaux sont repérés par satellite.

Des chauves-souris baguées à Moscou furent retrouvées à plus de 1 000 kilomètres au sud.

De la migration des fourmis à celle de la sterne arctique, **les animaux migrateurs sont capables de fabuleux exploits.**
Les oies parviennent à franchir les hauts sommets de l'Himalaya. Au cours de toute leur vie, les vieux martinets noirs de 20 ans ont volé une distance supérieure à celle allant de la Terre à la Lune !

Les ours blancs font la ronde autour du pôle Nord.
Le climat y est si rude qu'ils sont contraints de se déplacer sans cesse à la recherche de leur nourriture.

Le pluvier doré quitte le Canada
ou l'Alaska pour survoler l'Atlantique
jusqu'à l'autre bout du continent
américain.
Au printemps, il suit un itinéraire
différent, plus à l'ouest. Il fait ainsi,
deux fois par an, une boucle très
précise de 12 000 kilomètres dont
le tracé reste sans explication.
Les migrations gardent toujours
une bonne part de mystère !

**Le puffin dessine une boucle en forme de 8
au-dessus de tout l'océan Pacifique pour revenir à son lieu
de ponte sur des îles au sud de l'Australie.**

Là-haut où il fait Nord
Un enfant esquimau
A perdu ses oiseaux
Il cherche dans la nuit
Ses doux amis enfuis

Là-bas au bout du Sud
Dans la lumière crue
Un enfant fuégien
Accueille sur sa main
Ses oiseaux revenus
...

Les oiseaux sont mouvants
Sur les pistes du vent
Ses crêtes ou ses cols
Sa claque ils la déjouent
Ils y jettent leurs sondes
Ils nouent comme ils dénouent
Leurs écheveaux de vols
Dans les matins du monde
...

Bernard Lorraine
La poésie comme elle s'écrit
Éditions Ouvrières, 1979.